CE1-CE2
de 7 à 9 ans

Production d'écrits

Graphilettre

Expression écrite

W0410305

Auteur
Isabelle Collioud-Marichallot
Professeur des écoles

Illustrateurs
Alice Turquois
Frédéric Multier (couverture)

Ce cahier propose un **large éventail de situations d'écriture** que l'enfant pourra rencontrer durant sa scolarité et tout au long de sa vie. Les activités proposées sont **stimulantes** et adaptées à l'âge de l'enfant. Toutes les clés lui sont données afin de s'exercer et d'améliorer ses productions écrites.

Chaque activité se compose de deux parties :

- l'encadré Observe invite l'enfant à se poser les bonnes questions sur un thème d'écriture ;
- l'enfant est ensuite accompagné pour produire lui-même un écrit.

Tout au long de l'activité, l'enfant est guidé par des **aides ponctuelles** et des Conseils sur des notions de langue ou d'écriture.

MAGNARD

Sommaire

Écrire une liste

Objectif pédagogique : écrire et présenter une liste.

Observe

- Une **liste** est une suite de mots ou groupes de mots.
- On met des **tirets** devant chaque élément de la liste et on va à la ligne à chaque fois.
- Voici, par exemple, une liste de courses.

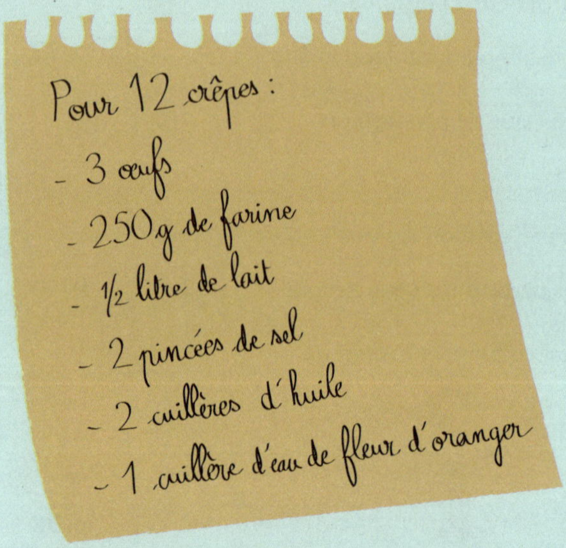

C'est une liste d' .... pour une recette de crêpes.

Complète cette liste de préparatifs pour une fête d'anniversaire.

– distribuer les invitations aux amis

– gonfler ....

– préparer ....

– ....

....

....

....

Fais la liste de ce que tu rêverais de faire un jour.

....

....

....

....

....

....

....

Utilise des verbes à l'infinitif.

Inventer une phrase

Objectif pédagogique : construire une phrase correcte.

Observe

ski

montagne

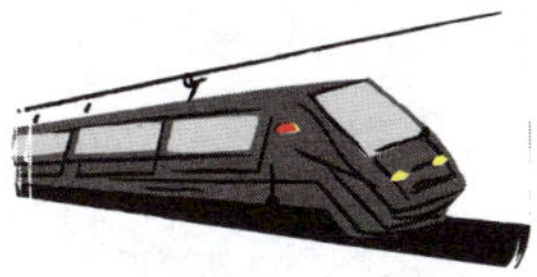
train

Pendant les vacances, Lisa partira à la montagne en train pour faire du ski.

- Une **phrase** est une suite de mots qui a du **sens** : elle veut dire quelque chose.
- Elle commence toujours par une **majuscule** et se termine par un **point**.

Invente une phrase en utilisant les trois mots proposés.

Conseil
Il faut accorder le verbe avec son sujet.

forêt

balai

sorcière

. . . .

. . . .

Relis ce que tu as écrit pour vérifier que cela veut dire quelque chose.

coquillages

plage

enfants

. . . .

. . . .

Allonger ou raccourcir une phrase

Objectif pédagogique : réduire ou enrichir une phrase, employer les différents compléments.

Observe

1. Tous les soirs, à vingt heures quinze, le bateau chargé de provisions arrive au port.

2. Le bateau arrive.

Souligne dans la phrase n° 1 les mots que tu retrouves dans la phrase n° 2.

Peut-on supprimer des choses dans la phrase n° 2 ?

☐ oui ☐ non

- La phrase n° 2 est une **phrase minimale** : on ne peut rien enlever sinon elle n'aurait plus de sens. Elle est composée du verbe *arrive* et du sujet *Le bateau*.
- La phrase n° 1 n'est pas une phrase minimale car elle donne beaucoup de précisions : on sait à quelle heure arrive le bateau, ce qu'il transporte et où il arrive.

Dans cette phrase, barre tout ce que tu peux supprimer, puis écris la phrase minimale correspondante.

Tous les matins, mon chat dort profondément sur le canapé.

....

Ne garde que le sujet et le verbe.

Allonge maintenant les phrases ! Procède par étapes en répondant aux questions.

 → 

Lucie lit.

Lucie lit *quoi ?* → Lucie lit un journal.

Lucie lit un journal *où ?* → Lucie lit un journal ....

quand ? → ....

....

Tu peux ajouter les mots **au début** ou **à la fin** de la phrase.

Mes amis rangent.

Mes amis rangent *quoi ?* → Mes amis rangent ....

comment ? → ....

pourquoi ? → ....

....

Alex et Léo jouent.

....

....

Réponds aux questions de ton choix : *à quoi ? où ? quand ? comment ? pourquoi ?...*

Et maintenant, complète l'illustration de la dernière phrase que tu as écrite !

Écrire son portrait chinois

Objectif pédagogique : se présenter de manière originale.

Observe

Si j'étais un animal, je serais un chat.
Si j'étais une fleur, je serais une tulipe.
Si j'étais un super héros je serais Spiderman.

Un **portrait chinois** consiste à se décrire en pensant à ce que l'on aime bien ou à ce qui nous ressemble. Par exemple, si tu aimes les chats, une phrase de ton portrait chinois pourrait être :

« Si j'étais un animal, je serais un chat. »

Toutes les phrases formant un portrait chinois sont construites sur ce modèle.

Écris ton portrait chinois. Complète les phrases.

Si j'étais un animal, je serais ....

Si j'étais une couleur, je serais ....

Si j'étais une saison, je serais ....

Si j'étais un bonbon, je serais ....

Si j'étais un sport, je serais ....

Si j'étais un fruit, je serais ....

Si j'étais un jour de la semaine, je serais ....

Fais le portrait chinois d'une autre personne : un(e) ami(e), un membre de ta famille…

Si tu étais ...., tu serais ....

Si tu étais ...., tu serais ....

Si tu étais ...., tu serais ....

Si tu étais ...., tu serais ....

Si tu étais ....,

tu serais ....

Utiliser la ponctuation

Objectif pédagogique : connaître les signes de ponctuation et savoir les utiliser.

Observe

1. Les élèves les parents et les professeurs sont réunis dans la cour c'est la rentrée.
2. Les élèves, les parents et les professeurs sont réunis dans la cour : c'est la rentrée.

Laquelle de ces deux phrases te semble la mieux écrite ? Pourquoi ?

....

La **ponctuation** est un ensemble de signes utilisés à l'écrit qui servent à organiser la phrase pour pouvoir mieux la lire et la comprendre.

- **.** Le **point** marque la fin de la phrase.
- **?** Le **point d'interrogation** marque la fin d'une phrase interrogative (celle qui pose une question).
- **!** Le **point d'exclamation** marque la fin d'une phrase exclamative (celle où l'on s'exclame : joie, colère, surprise, étonnement).
- **...** Les **points de suspension** indiquent qu'une phrase pourrait continuer. C'est au lecteur d'imaginer la suite.
- **,** La **virgule** marque une pause au cours de la phrase, elle sépare des éléments.
- **:** Les **deux points** t'indiquent une explication à venir ou des paroles qui vont être prononcées.

Ajoute la ponctuation qui manque.

1. Tous les jeudis mon frère et moi nous allons au judo C'est un sport pratiqué sur un tatami

2. Dans ce jardin les arbres les plantes les fleurs et les buissons sont-ils arrosés souvent

3. Maman m'appelle « Viens vite voir »

Lis d'abord les phrases à voix haute pour t'aider.

Invente deux phrases à partir de cette image et utilise la ponctuation qui convient.

....

....

....

....

....

Légender une image

Objectif pédagogique : écrire un texte court à partir d'une image.

Observe

Le bambou est l'aliment préféré du panda.
Il en mange vingt kilos par jour !

Cette photo montre un panda qui mange du bambou. Le texte sous l'image vient donner des informations supplémentaires : il a pour but d'informer.

Une **légende** est un texte court qui accompagne une image. Il complète en apportant des informations.

À toi maintenant ! Pour chacune des images, écris un petit texte qui apporte des informations.

....

....

....

....

....

....

....

....

Écrire une carte postale

Objectif pédagogique : rédiger un courrier en respectant une forme imposée.

Observe

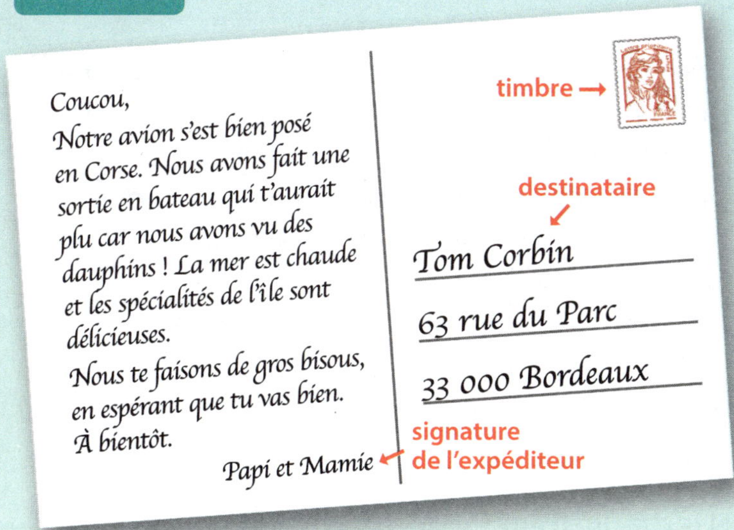

- Qui a envoyé cette carte ?

....

- À qui est-elle adressée ?

....

- En général, de quoi parle-t-on sur une carte postale ?

....

Une **carte postale** comporte :
- d'un côté, une ou plusieurs images (photos d'un lieu, illustrations, etc.)
- de l'autre côté, une partie libre pour écrire un message et l'adresse de la personne à qui on souhaite l'envoyer.

Imagine que tu es en vacances (au bord de la mer, à la campagne ou à la montagne…). Écris une carte postale à la personne de ton choix (tes parents, un ami, tes grands-parents…).

Applique-toi pour que le destinataire puisse te lire facilement.

N'oublie pas le nom et l'adresse du destinataire.

Trouver un titre à de petits textes

Objectif pédagogique : saisir le sens global d'un texte pour formuler un titre.

Observe

Au petit matin, Robin se dirige vers l'écurie pour nourrir les chevaux. Il ouvre la lourde porte en bois et entend de drôles de petits bruits. « Bizarre, pense-t-il, ça ne peut pas être les chevaux… » Il prend la fourche, soulève un peu de foin et là, surprise, il aperçoit Noisette, sa chatte. Les petits bruits se font encore entendre et le foin bouge autour de Noisette. Robin s'approche et découvre alors cinq chatons affamés.

À ton avis, quel titre convient le mieux parmi les trois suivants ? Entoure-le.

Les chevaux de Robin — La découverte des chatons — Le repas des chevaux

Tous ces textes ont perdu leur titre ! Lis chacun d'eux et donne-leur un titre.

Conseil
N'oublie pas qu'un titre doit donner l'idée essentielle, dire en quelques mots de quoi parle le texte.

……………………………………

Le cheval blanc
trotte crinière au vent
Le cheval noir
se contemple dans la mare
Le cheval gris
joue à chasse-souris
Et le cheval jaune citron
ne galope
que dans mon imagination.

Ce texte est écrit en vers, avec des rimes, c'est un **texte poétique**.

Ce texte parle d'un événement, de quelque chose qui s'est passé : c'est un **article de journal**.

Samedi 10 février 2017

……………………………………

Hier soir, vers 21 heures, une jeune lionne s'est échappée du zoo de la ville. Un chauffeur de bus qui finissait sa journée a eu très peur en la voyant surgir sur la route ! Il a aussitôt prévenu le zoo qui a pu récupérer cette lionne plutôt docile quelques minutes plus tard. Heureusement qu'il était tard et que personne ne se promenait dans cette rue…

Ce texte donne des informations : c'est un **texte informatif**.

Tu viens d'adopter un hamster, félicitations ! Voici quelques conseils pour le garder en bonne santé.

Ton nouveau petit compagnon est très dynamique mais attention, il n'a pas le même rythme de vie que toi : en effet, il dort le jour et sera ravi de jouer plutôt en fin de journée. N'hésite pas alors à le laisser se dégourdir les pattes en dehors de sa cage, sous ta surveillance bien sûr. Aménage sa cage avec des jeux comme un tunnel, une roue…

Pour son alimentation, il est omnivore ; cela veut dire que tu peux lui donner de tout : des croquettes pour hamster, des fruits et légumes frais, de la viande hachée, du yaourt. Mais tout ceci en très petite quantité.

Enfin, dans sa cage, il faut prévoir un abri pour dormir et une litière qui devra être changée une fois par semaine.

Ce texte raconte une histoire : c'est un **récit**.

Betty sautait à cloche-pied de nuage en nuage. Elle adorait cette liberté, cette sensation d'être seule au monde…

Soudain, quelqu'un lui adressa la parole :

– Tu ne devrais pas rester là !

Betty se retourna en se demandant si elle n'avait pas rêvé ; elle aperçut alors une petite forme transparente.

– Il va pleuvoir, reprit la petite goutte, les nuages vont bientôt disparaître.

Betty, qui n'avait encore jamais rencontré de goutte de pluie, n'écouta pas ce bon conseil et… tomba du ciel dans les dix secondes qui suivirent.

Écrire une devinette

Objectif pédagogique : formuler des indices pertinents pour rédiger une devinette.

Observe

Lis cette devinette et complète-la.

Je suis souvent fabriquée avec du métal.
J'ai deux roues mais pas de pédales.
Pour me faire rouler, on pousse avec un seul pied.

Je suis ....

- Une **devinette** est un jeu oral qui permet de faire deviner un mot à l'aide de plusieurs indices.
- Pour rédiger une devinette, on pense à un mot (une chose, un animal…) puis on donne des informations.
- Elles ne doivent pas être trop faciles pour faire réfléchir celui qui devine.

Voici deux exemples déjà commencés. Complète les indices et termine les devinettes.

J'ai une bonne mine. Mes amis sont

le ...., la ....

Je suis ....

J'ai de bonnes notes.

On m'écoute, on ....

Je suis ....

Et maintenant, invente tes devinettes à partir des images !

Teste tes devinettes sur ton entourage pour vérifier qu'elles fonctionnent bien !

....
....
....
....
....
....

....
....
....
....
....
....

Rédiger un bulletin météo

Objectif pédagogique : employer des adjectifs et le futur pour écrire un bulletin météorologique.

Observe

Samedi 11 avril, la journée commencera avec un ciel dégagé et un beau soleil sur la partie sud-ouest de la France, mais des nuages arriveront dans l'après-midi.

- Un **bulletin météorologique** est un petit texte qui annonce le temps qu'il va faire.
- On emploie des **adjectifs** comme *pluvieux, ensoleillé, nuageux…*
- Les verbes sont conjugués au **futur** puisqu'on parle de la météo qu'il fera.

Conseil
N'oublie pas de conjuguer les verbes au futur.

Choisis deux ou trois zones géographiques précises, puis rédige le bulletin météorologique qui leur correspond sur cette carte de France.

Dimanche 12 avril matin

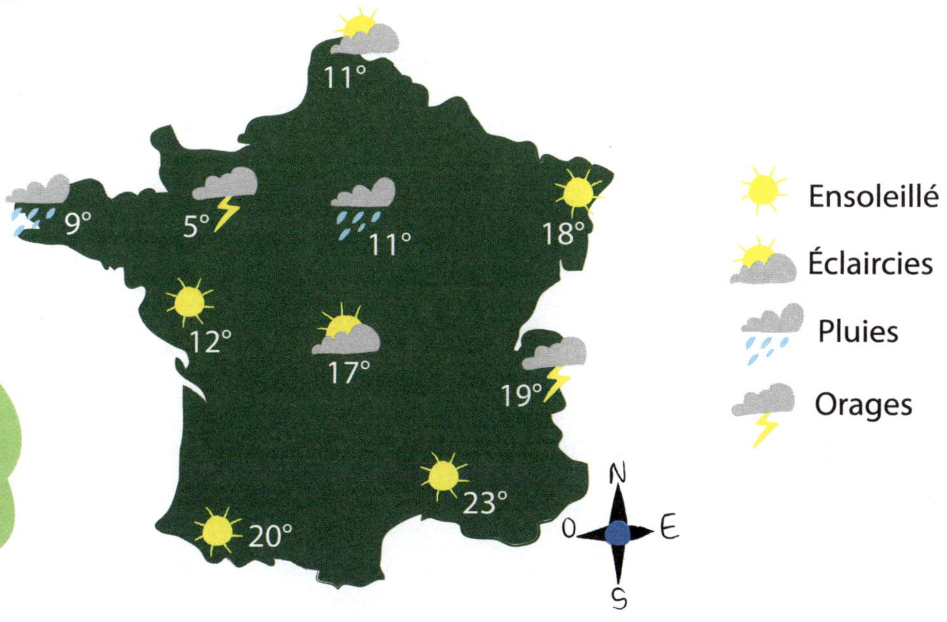

Repère et situe chaque région que tu auras choisie en utilisant les points cardinaux.

. . . .

. . . .

. . . .

. . . .

. . . .

. . . .

Commence par évoquer le temps qu'il fera puis parle des températures.

Rédiger un mode d'emploi

Objectif pédagogique : expliquer des étapes chronologiquement.

Observe

À toi qui viens de trouver cet objet, bravo !

Voici comment utiliser la lampe magique :

1. Prendre délicatement la lampe par sa anse.
2. Ne pas la cogner ou la faire tomber. (Cela éveillerait la colère du génie !)
3. Réfléchir au souhait à faire.
4. Frotter l'endroit indiqué sur le schéma.
5. Recommencer si aucune fumée ne sort.
6. Saluer le génie et lui parler avec grande politesse.
7. Dire son vœu au génie.
8. Attendre que le vœu soit exaucé.
9. Reposer doucement la lampe.

- Un **mode d'emploi** se présente comme une liste d'actions à faire dans l'ordre pour utiliser correctement un objet.
- On numérote les actions et on utilise des **verbes à l'infinitif** pour donner les explications.
- Un mode d'emploi est souvent accompagné d'un **schéma** pour montrer les différentes parties de l'objet.

Imagine maintenant à quoi pourrait servir cet objet et rédige son mode d'emploi.

Cet objet sert à ....

....

Voici comment l'utiliser :

Conseil
Continue les numéros et emploie des verbes à l'infinitif.

1. ....

....

....

....

....

....

Tu viens d'inventer un objet génial, un objet révolutionnaire ! Dessine-le pour le présenter et accompagne ton schéma d'un mode d'emploi.

Tu as décidé de l'appeler : ....

Il sert à ....

Ton objet pourrait être une machine à programmer la météo...

...ou bien un appareil pour apprendre ses leçons en un éclair...

...ou encore un robot pour parler avec les animaux.

<u>Mode d'emploi</u>

....

....

....

....

....

....

....

....

....

....

....

....

Décrire une image

Objectif pédagogique : choisir un vocabulaire adapté pour rédiger une description détaillée.

Observe

Regarde comment on peut **partager** une image.

Cette image est une photographie représentant un paysage de montagne.

- **Au premier plan**, il y a une rivière calme, claire et peu profonde. Elle est bordée d'herbe et d'un chemin de terre sur la partie gauche.
- **Au second plan**, de gauche à droite, on peut voir beaucoup d'arbres : de grands sapins et de petits arbustes touffus.
- **À l'arrière-plan**, au centre de l'image, on aperçoit des sommets de montagnes enneigés.

Décrire une image consiste à **dire ce que l'on voit de façon précise** : on doit nommer les différents éléments du paysage et les situer les uns par rapport aux autres. Pour cela :
– on utilise des mots ou expressions pour repérer les éléments dans l'espace de l'image (*en haut, sur la gauche, au centre…*) ;
– on partage l'image en plusieurs parties, appelées des **plans**, du plus près au plus éloigné.

Partage l'image et complète le texte pour la décrire.

Henri Rousseau, *Les Flamants roses* (1907).

Au premier plan, on aperçoit sur la droite un groupe de ....

au bord .... On peut .... aussi, à gauche de l'image,

des .... et .... à la surface de ....

Au .... plan, trois .... sont posés sur une bande

de terre. À l'arrière-plan, il y a ....

Partage l'image et décris-la précisément.

Conseil

Utilise des adjectifs pour décrire ce que tu vois.

....

....

....

....

....

....

....

....

....

....

....

....

Pour situer les différents éléments dans l'image, emploie des mots comme *au milieu, à côté de, au premier plan, à l'arrière-plan.*

Rédiger une question et sa réponse

Objectif pédagogique : maîtriser la structure d'une phrase interrogative.

Observe

À ton avis, qui pose la question « *Prendrez-vous nos frites maison ?* »

C'est ……………………………………………

Et qui donne la réponse « *Oui, avec mon menu enfant s'il vous plaît* » ?

C'est ……………………………………………

- Une **phrase interrogative** pose une question ; elle se termine par un point d'interrogation.
- Souvent, on inverse le sujet et le verbe : *Prendrez-vous nos frites maison ?*

Mais on peut aussi dire : *Est-ce que vous prendrez nos frites maison ?*

Ou encore : *Vous prendrez nos frites maison ?* Dans ce cas, c'est l'intonation de la voix qui montre qu'on pose une question.

Écris une question et une réponse pour chacune des images.

Conseil

Varie la construction de tes phrases interrogatives en inversant ou non le sujet et le verbe.

……………………………………………

……………………………………………

……………………………………………

……………………………………………

……………………………………………

……………………………………………

……………………………………………

……………………………………………

……………………………………………

……………………………………………

……………………………………………

……………………………………………

Compléter des bulles de bande dessinée

Objectif pédagogique : créer des paroles de BD selon l'histoire racontée par les images.

Observe

- Une **BD** (bande dessinée) est une histoire racontée sous forme de dessins.
- Les paroles échangées par les personnages sont écrites dans des **bulles**.
- Les queues des bulles t'indiquent qui parle.

Observe bien toutes les images avant d'imaginer ce que peuvent dire les personnages. Puis complète les bulles comme tu le souhaites.

Regarde bien vers qui sont orientées les queues des bulles.

Donner son avis sur une œuvre d'art

Objectif pédagogique : exprimer un sentiment, un point de vue.

Observe

Un tableau ne provoquera pas la même réaction chez les personnes qui le découvrent. Pour **donner ton avis** sur une œuvre d'art, tu dois te demander quelle **impression générale** te vient en la regardant.

René Magritte, *Le Retour* (1940).

- Cette œuvre te plaît-elle ? Pourquoi ?
- La trouves-tu plutôt joyeuse, triste, poétique, sérieuse ou étonnante ?
- Qu'est-ce qui provoque cette impression : les couleurs, les choses représentées ?
- Accrocherais-tu cette œuvre dans ta chambre ?
- À quoi cette œuvre te fait-elle penser : à d'autres images ? à des souvenirs ? à des mots (comme *voyage, liberté, nature…*) ?

Conseil

Utilise des verbes ou expressions qui expriment des sentiments : *je pense, je n'aime pas trop, je trouve, j'ai l'impression que, il me semble que…*

Écris ce que tu penses du tableau de René Magritte présenté ci-dessus.

Commence par l'impression générale.

Continue avec les couleurs, les formes, les choses…

Tu peux aussi parler de certains détails de l'œuvre.

Termine avec toutes les choses auxquelles ce tableau te fait penser : mots, images, souvenirs...

Que penses-tu de ce tableau de Robert Delaunay ?

Robert Delaunay, *Tour Eiffel* (1926).

Écrire un dialogue

Objectif pédagogique : connaître le code écrit du dialogue pour en inventer un.

Observe

De retour de vacances, une famille oublie son chat lors d'un arrêt en voiture. Rodrigue, le jeune garçon, s'en aperçoit tout à coup.

– Papa, arrête-toi, on a oublié Balthazar.
Son père se retourna sans lâcher le volant.
– Balthazar ? Je croyais que tu t'en étais occupé quand on est remontés dans la voiture. Ne me dis pas que tu l'as oublié.
– Imbécile, dit Claire. Si tu avais laissé le chat dans la voiture, ça ne serait pas arrivé.
– On a oublié le chat ? dit la mère qui se retournait elle aussi.
– C'est Rodrigue, dit Claire. Il a voulu que Balthazar se dégourdisse les pattes tout à l'heure, quand on s'est arrêtés, et il l'a oublié quand on est repartis.

Jean-Noël Blanc, *Chat perdu* © Gallimard jeunesse.

- Un **dialogue** est un échange de paroles entre des personnes.
- Quand on écrit un dialogue, il faut :

– utiliser la ponctuation : placer un **tiret** (–) et aller à la ligne dès qu'une nouvelle personne parle.
– employer des **verbes de parole** comme *dire, répondre, demander, s'exclamer, crier, chuchoter…*
Parfois, les dialogues sont encadrés par des guillemets (« »), placés au début et à la fin du dialogue.

Remets ces deux phrases de dialogue dans l'ordre.

ma	.	Ce	hurla	n'est	!	Rodrigue	–	pas	faute

....

Claire	sûr	–	Bien	si	répondit	!	que	.

....

Imagine maintenant une suite à ce dialogue en famille.

Avant de commencer, pense à ce que peuvent dire les personnes.
Voici quelques pistes pour t'aider :
- la maman ou le papa veut sûrement que les enfants arrêtent de se disputer ;
- quelqu'un va avoir une idée pour retrouver le chat Balthazar ;
- les autres seront d'accord ou pas, ils proposeront peut-être d'autres idées…

Conseil

Quand tu hésites, vérifie l'orthographe des mots dans le dictionnaire.

N'oublie pas la ponctuation du dialogue.

Quand tu as terminé, relis-toi pour vérifier si l'on comprend bien **qui parle** à chaque fois.

Transformer un récit

Objectif pédagogique : repérer les mots d'un champ lexical.

Observe

Johanna trouve qu'il fait déjà frais en ce matin d'octobre. La compétition de VTT a lieu aujourd'hui dans ce magnifique cadre automnal : les arbres sont couverts de feuilles jaunes et orange, les senteurs de mousse et de terre humide flottent partout. Les participants et les promeneurs ont prévu des vestes, des gants et des parapluies. Ce soir, tous dégusteront une bonne omelette aux champignons pour se réchauffer.

En quelle saison se passe cette histoire ?

. . . .

Souligne dans le texte tous les mots ou groupes de mots qui sont en rapport avec cette saison.

Conseil

Pour l'automne, on parle de cadre automnal ; pour le printemps, on dira printanier ; pour l'été, on dira estival ; pour l'hiver, on dira hivernal.

Abracadabra ! D'un coup de baguette magique, tu vas transporter cette scène dans une autre saison de ton choix.

Ainsi, tous les mots et groupes de mots que tu as soulignés vont devoir être modifiés. Voici les étapes pour t'aider à réussir cette transformation.

Choisis la nouvelle saison : . . . .

Johanna trouvera alors qu'il fait déjà . . . .

Puis, en rapport avec cette nouvelle saison :

– choisis le mois de l'année : . . . .

– choisis la compétition : . . . .

– décris le paysage : . . . .

. . . .

Quels seront les vêtements et accessoires des participants et des promeneurs ?

. . . .

Que dégusteront-ils ce soir pour se . . . . ? . . . .

Récris maintenant le texte. Pour le transformer, remplace par tes idées tous les mots ou groupes de mots que tu as soulignés.

Pense à faire tous les accords nécessaires : les pluriels et le verbe avec son sujet.

Relis ton texte pour vérifier que tout correspond bien à la saison choisie.

Écrire un texte drôle

Objectif pédagogique : rendre un texte fantaisiste en inversant des groupes de mots.

Observe

Texte libre

Dimanche, je suis allé chez mon tonton et ma tata. On a mangé du poulet avec des frites. Après, on est allés au zoo et on a vu le tigre dans sa cage. Quelle belle journée !

Lundi, je suis allé chez le tigre. On a mangé mon tonton et ma tata avec des frites. Après, on est allés au zoo et on a vu le poulet dans sa cage. Quelle belle journée !

Mardi, je suis allé chez le poulet avec des frites. On a mangé le tigre. Après on est allés au zoo et on a vu mon tonton et ma tata dans leur cage. Quelle belle journée !

Etc.

Bernard Friot, *Histoires pressées,* © Éditions Milan.

Dans les deux dernières parties du texte, souligne les groupes de mots qui ont changé de place.

En inversant des groupes de mots dans un texte, on peut créer une histoire drôle, pleine de fantaisie.

Complète le texte à trous comme tu en as envie mais, pour l'instant, sans imaginer quelque chose de farfelu.

Pense à quelque chose qui pourrait arriver en vrai, rien d'extraordinaire.

Hier, j'ai fait du vélo avec ....

Au parc, on a vu ....

faire des pirouettes. Ensuite, on a fait cuire ....

Quel délicieux goûter !

À présent, tu vas CHAMBOULER ton texte ! Change de place tes groupes de mots.

Hier, j'ai fait du vélo avec ………………………………………………………… .

Au parc, on a vu …………………………………………………………………

faire des pirouettes. Ensuite, on a fait cuire ………………………………………… .

Quel délicieux goûter !

CHAMBOULE encore une fois ton texte ! Change de place tes groupes de mots.

Hier, j'ai fait du vélo avec ………………………………………………………… .

Au parc, on a vu …………………………………………………………………

faire des pirouettes. Ensuite, on a fait cuire ………………………………………… .

Quel délicieux goûter !

En t'inspirant des modèles précédents, amuse-toi à inventer des histoires drôles chamboulées !

Un peu d'aide ?
Samedi, j'ai invité … . On a joué avec … dans le jardin. Puis on a vu … faire des tas de grimaces. C'était génial !

…………………………………………………………………

…………………………………………………………………

…………………………………………………………………

…………………………………………………………………

…………………………………………………………………

…………………………………………………………………

…………………………………………………………………

…………………………………………………………………

…………………………………………………………………

…………………………………………………………………

…………………………………………………………………

…………………………………………………………………

Écrire un acrostiche

Objectif pédagogique : appréhender une forme particulière de poème.

Observe

Sifflement
Effrayant
Ramper
Python
Enrouler
Nœud
Tortueux

Cachette
Arbre
Bois
Amis
Nature
Enfant

Quels mots lis-tu verticalement ? ....

- Un **acrostiche** est un poème dans lequel les premières lettres de chaque ligne forment un mot quand on les lit verticalement.
- Chaque mot du poème est en lien avec le mot qu'on lit verticalement.

Ajoute les lettres manquantes pour trouver le mot correspondant à cet acrostiche. Puis dessine-le.

.... ruit
.... ouge
.... gréable
.... ntense
.... ucre
.... té

À toi maintenant ! Invente l'acrostiche du mot GIRAFE.

Conseil

Quand tu hésites, vérifie l'orthographe des mots dans le dictionnaire.

Envie d'écrire l'acrostiche d'un autre animal ou d'un aliment que tu aimes ? Laisse parler ta créativité !

On peut aussi réaliser l'acrostiche d'un prénom. Pense à un copain, une copine, un membre de ta famille ou toi…

Il faut trouver des adjectifs qui caractérisent la personne. Par exemple : *souriant(e), drôle, têtu(e), intelligent(e)…*

Écrire la fin d'une histoire

Objectif pédagogique : respecter la cohérence d'un récit pour inventer une fin.

Observe

Voici le début d'une histoire.

Les fraises de Marcel

Marcel est un papi très heureux : depuis qu'il est à la retraite, il peut se consacrer pleinement à sa passion. Et sa passion toute simple lui permet de se lever tous les matins de bonne humeur. Après le petit déjeuner, il ouvre le portillon de son potager et là, il passe un long moment à s'occuper de ses plantations. Quel plaisir pour Marcel de les voir pousser, grandir puis donner des fruits et des légumes savoureux et pleins de vitamines !

Mais depuis quelques jours, il a une impression bizarre : il lui semble que des légumes ou des fruits qu'il n'a pas récoltés la veille ne sont plus là. Il a d'abord cru qu'il se trompait et n'y a pas trop prêté attention. Pourtant ce matin, il n'a plus de doute : toutes les fraises qu'il avait prévu de cueillir aujourd'hui ont disparu… Plus une fraise sur les fraisiers !

Dire qu'il se faisait une joie de les déguster avec Mattéo et Lili, ses petits-enfants qui attendent chaque année les premières fraises avec impatience. Marcel n'en revient pas, ce qu'il ne voulait pas croire est bien réel : quelqu'un vole ses plantations.

Les questions se bousculent alors dans la tête de Marcel : est-ce une bande de pies chapardeuses ? un paresseux voisin ? des extraterrestres en panne de vitamines ?

Marcel est en colère. Il quitte son potager à la hâte car il entend bien trouver le ou les responsables. Et en refermant le portillon...

As-tu déjà une idée pour aider Marcel ?

....

Pour inventer la fin de cette histoire, organise tes idées à l'aide des questions suivantes.

Que découvre Marcel en refermant le portillon ?

Vers où, vers qui va le mener cet indice ?

Comment s'y prend-il pour démasquer le ou les responsables ?

Retrouve-t-il les fraises ou pas ?

Comment Marcel s'assure-t-il que cela ne se reproduira plus ?

Tu es prêt(e) à écrire la fin ? À toi de jouer : mets Marcel en scène !

Conseil

Pense à relier tes phrases avec des connecteurs comme *alors, ensuite, mais, soudain, donc, parce que…*

Il peut se passer ce que tu veux ! C'est toi qui décides. Laisse parler ton imagination…

Pour rendre ton texte plus vivant, tu peux insérer un dialogue en utilisant les tirets et les verbes de parole.

Écrire un poème à la manière de…

Objectif pédagogique : rechercher des rimes simples pour inventer un poème.

Observe

Avez-vous vu ?

Avez-vous vu le dromadaire
Dont les pieds ne touchent pas terre ?

Avez-vous vu le léopard
Qui aime loger dans les gares ?

Avez-vous vu le vieux lion
Qui joue si bien du violon ?

Avez-vous vu le kangourou
Qui chante et n'a jamais le sou ?

Avez-vous vu l'hippopotame
Qui minaude comme une femme ?

Avez-vous vu le perroquet
Lançant très haut son bilboquet ?

Avez-vous vu la poule au pot
Voler en rassemblant ses os ?

Mais moi, m'avez-vous bien vu, moi
Que personne jamais ne croit ?

Maurice Carême, extrait de *À cloche-pied*,

- En poésie, chaque ligne s'appelle un **vers**.
- Un vers commence toujours par une **majuscule**.
- Quand les vers se terminent par le même son, on dit qu'ils **riment**. Ici, par exemple, *dromadaire* rime avec *terre*, *léopard* rime avec *gares*, etc.

À ton tour ! Cherche des mots qui riment avec des noms d'animaux.

Comme *chat* et *chocolat*...

Noms d'animaux	Mots qui riment

Avec les mots trouvés ci-dessus, complète les vers pour créer ton poème à la manière de Maurice Carême.

Conseil
Mets une majuscule au début des vers.

Dans tes phrases, explique ce que fait chaque animal en utilisant des verbes.

Avez-vous vu ?

Avez-vous vu ....

.... ?

Avez-vous vu ....

.... ?

Avez-vous vu ....

.... ?

Avez-vous vu ....

.... ?

Avez-vous vu ....

.... ?

Avez-vous vu ....

.... ?

Mais moi, m'avez-vous bien vu, moi

.... ?

Illustre ton poème !

Rédiger un texte documentaire

Objectif pédagogique : sélectionner des informations pertinentes pour élaborer un documentaire.

Observe

À LA DÉCOUVERTE DU BOUVIER BERNOIS

Ce chien adore les grands espaces et les longues promenades.

Le bouvier bernois est un chien de **grande taille**, environ 60 à 70 cm de haut, et assez lourd, entre 40 et 60 kg. Son poil est mi-long, épais et brillant.
Son **caractère** très doux en fait le compagnon idéal pour les familles. Il est en effet **calme et très affectueux** : il adore se faire câliner.
Il est aussi très amical avec les autres animaux.
Enfin, le bouvier bernois aboie très peu.

Le bouvier bernois est tricolore : beaucoup de noir, un peu de roux mais aussi du blanc sur sa tête, son poitrail et ses pattes.

- Ce document ne raconte pas une histoire, il donne des **informations** et des **explications** : c'est un **documentaire**.
- Un documentaire est composé :
  – d'un **titre** ;
  – d'un ou plusieurs **textes** apportant beaucoup de détails ;
  – d'une ou plusieurs **images**, photos ou schémas accompagnés d'une **légende** explicative.
- On trouve des documentaires sur tous les sujets : les animaux, les sports, l'histoire de France, les planètes…

Fais des recherches sur Internet ou dans un dictionnaire pour compléter ce documentaire sur le panda roux.

Invente le titre : il est important car c'est lui qui donne au lecteur l'envie de lire tout le document.

....

....

N'oublie pas de légender la grande photo !

....

....

....

Le **panda roux** vit en ...., dans les forêts ...., où les températures peuvent être très .... Sa taille est environ celle d'un gros .... Sa fourrure est ....pour le protéger du .... et des pluies. Elle est de couleur .... et .... Le panda roux mange de tout : des feuilles de ...., des œufs, des insectes : on dit qu'il est ....

Il enroule sa ....

sur lui-même quand il fait

..............................:

c'est sa couverture !

N'hésite pas à ajouter des informations suite à tes recherches !

Écrire en faisant des comparaisons

Objectif pédagogique : construire et employer des comparaisons.

Observe

La Grenouille qui veut se faire aussi grosse que le Bœuf

Une Grenouille vit un Bœuf
Qui lui sembla de belle taille.
Elle qui n'était pas grosse en tout comme un œuf
Envieuse s'étend, et s'enfle, et se travaille
Pour égaler l'animal en grosseur […]

Jean de la Fontaine, *Fables*.

Cette fable parle de deux animaux. Lesquels ? ....

Complète ces deux phrases.

La Grenouille est grosse .... un œuf.

Et elle veut devenir .... grosse .... le bœuf.

Les mots que tu as ajoutés servent à faire une **comparaison**. On compare la grenouille une fois à un œuf, une fois au bœuf.

Certaines comparaisons sont connues. Complète celles-ci à l'aide des dessins.

Tu nages comme ....

Eliott est malin comme ....

Il est blanc comme ....

Marc est droit comme ....

Tu es rapide comme ....

Ils sont serrés comme ....

Décris ce personnage en utilisant des comparaisons.

Conseil
Utilise les expressions *aussi… que* et *comme*.

....

....

....

....

Écrire un tautogramme

Objectif pédagogique : écrire avec une contrainte.

Observe

Lis ces phrases à voix haute.

Papi prend plusieurs paniers pour partir pêcher.

La licorne longe le lac.

Six souris sévères surveillent sept souriceaux sauvages.

Dix dangereux dinosaures découvrent de drôles de dessins.

Que remarques-tu ?

....

Un **tautogramme** est un texte, court ou long, dont tous les mots commencent par **la même lettre**. Les exemples ci-dessus sont des tautogrammes en L, en P, en S et en D.

Tu vas essayer ! Inspire-toi des modèles pour inventer des tautogrammes.

Tautogramme en T

....

Tautogramme en R

....

....

Tu peux utiliser un dictionnaire pour trouver des mots commençant par la même lettre.

Choisis la lettre que tu veux.

Tautogramme en . . .

....

Décrire un lieu

Objectif pédagogique : organiser la progression des idées pour décrire un lieu.

Observe

Clara est invitée pour la première fois chez Léa ; en découvrant la chambre de sa copine, Clara est très surprise.

Tout est en ordre, parfaitement rangé. Rien ne traîne, pas un jouet, pas une revue, pas un vêtement posé sur une chaise ou sur une poignée. Le lit est fait, les armoires sont fermées, le bureau est totalement vide… Les livres et cahiers doivent se trouver à l'intérieur des tiroirs.
Les murs sont blancs, le carrelage au sol aussi. Aucune décoration sur les murs, des coussins et des rideaux beiges, aucune couleur gaie. Même l'unique peluche assise sur le lit a l'air triste ! « Cette chambre est aussi froide qu'un laboratoire !... », pense Clara.

Après avoir lu ce texte, peux-tu imaginer la chambre de Léa ? ☐ oui ☐ non

Si tu as répondu « oui », cela veut dire que cette description est réussie.

- **Décrire un lieu**, c'est présenter un endroit en donnant beaucoup de **précisions** pour que le lecteur puisse l'imaginer.
- On commence par donner l'ambiance générale, puis on détaille les différents éléments ; enfin, on peut ajouter une petite conclusion qui peut être une comparaison.

Dessine la chambre de Léa avec les nombreux détails donnés par le texte.

Imagine que tu es invité(e) chez un copain ou une copine. Il ou elle te fait découvrir sa chambre qui est l'inverse de celle de Léa, c'est-à-dire plutôt accueillante et gaie. Décris-la.

Conseil : Trouve des contraires en t'aidant du dictionnaire.

En entrant dans la chambre de ...., tout est ....

N'oublie pas que le lecteur doit pouvoir l'imaginer !

....

....

....

....

....

Maintenant, décris une pièce que tu connais bien : TA chambre !

Conseil : Détaille chaque chose en utilisant des adjectifs.

Dans ma chambre, ...

Situe les choses grâce à des mots comme *au-dessus de..., à côté de..., sur la droite...*

....

....

....

....

....

....

Tu peux la dessiner !

Écrire un texte imaginaire

Objectif pédagogique : inventer un récit imaginaire.

Observe

Le monde décrit par le garçon (l'animal, les plantes, les êtres) pourrait-il exister en vrai ?

☐ oui ☐ non

Ce récit est-il :

☐ un récit réaliste ☐ un récit imaginaire ☐ un récit historique

- Un **récit imaginaire** est une histoire qui ne pourrait pas se passer dans la réalité. Les êtres, les lieux et les situations sont inventés : ils ne sont **pas réels**.
- Pour écrire ce genre d'histoire, il faut faire appel à son imagination. Et on peut imaginer tout ce que l'on veut : des animaux bizarres, un drôle de monde, une nouvelle planète, des êtres étonnants… C'est sans limites !

Rassemble quelques idées qui pourraient te servir pour construire un récit imaginaire.

Par exemple : tu te réveilles sur une étrange planète ou tu descends dans une grotte et tu découvres un monde enchanteur… Tu peux aussi t'inspirer d'un de tes rêves !

Note juste tes idées, ne rédige pas pour l'instant.

Comment est le décor : que vois-tu ? qu'entends-tu ? que ressens-tu ?

Rencontres-tu des êtres, des animaux ? Comment sont-ils ?

Que fais-tu dans cet endroit imaginaire : le découvres-tu simplement ou t'arrive-t-il quelque chose ?

Rédige maintenant ton récit imaginaire. Donne-lui un titre.

Conseil

Enchaîne tes phrases avec des connecteurs : *tout à coup, car, puis, alors, soudain…*

Décris l'endroit.

Écrire un texte réaliste selon une chronologie

Objectif pédagogique : établir une chronologie et lier les phrases d'un récit réaliste.

Observe

Observe puis numérote ces images dans l'ordre de l'histoire qu'elles racontent.
Tu peux t'aider en expliquant à haute voix ce qu'il se passe sur les images.

...

...

...

...

- L'ordre d'une histoire s'appelle la **chronologie**. On dit que les événements se déroulent dans l'ordre chronologique : ce qui se passe au début, puis au milieu et à la fin.
- Un **récit réaliste** raconte une histoire qui pourrait avoir lieu **dans la réalité**.

Mets cette histoire en mots : raconte-la ! Décide d'abord si tu vas conjuguer les verbes au présent ou au passé.

Conseil

Pour marquer la chronologie des événements, quand tu passes d'une image à l'autre, utilise des connecteurs : *au tout début, alors, ensuite, après, mais, donc, cependant, en revanche, en fait, soudain, tout à coup, puis, enfin, car, parce que…*

N'oublie pas le titre !

Tu peux donner un prénom à chaque enfant.

Pour éviter les répétitions, pense aux différentes manières de désigner les deux personnages : leurs prénoms, les pronoms *il/ils*, les groupes nominaux *les garçons, les deux amis*, etc.

Écrire dans un journal intime

Objectif pédagogique : appréhender la fonction d'un journal intime ; écrire à la 1re personne.

Observe

Dimanche 3 octobre

Hier j'ai acheté un cahier. J'ai mis
« je-me-parle » en titre, sur la couverture.
Et voilà : je me parle.
C'est mon droit.
Avant je me parlais, mais à trois.
Un : moi.
Deux : à moi.
Trois : avec Zéphira.
C'est ma tortue, Zéphira. Elle est morte avant-hier.
C'est si triste, mon je-me-parle, que je préfère pas
m'en parler. Zéphira, je t'oublierai jamais.
Papa m'a dit : « Je vais t'en offrir une autre,
tu veux, Chloé ?
– Sûrement pas, j'ai dit, ma Zéphira n'est pas
un chou-fleur qu'on change. J'aurai plus jamais
de tortues. »
Mais je voulais bien un chien.

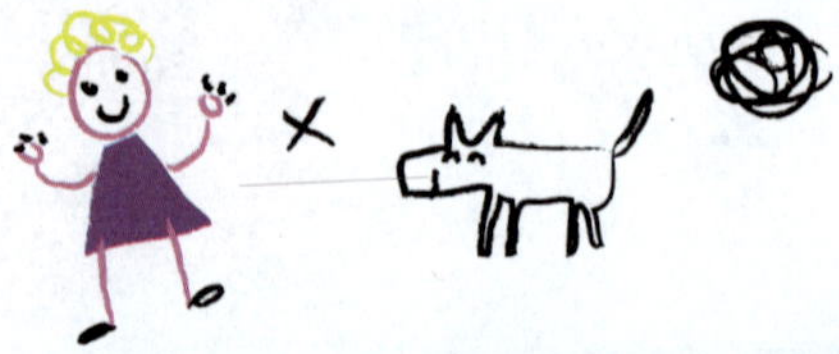

Sandrine Pernusch, *Mon je-me-parle*, © Éditions Casterman.

- Écrire dans un **journal intime**, c'est écrire *pour* soi-même, *à* soi-même.
- On peut y raconter tout ce qu'on veut : ses journées ou seulement des moments, ceux que l'on a aimés ou ceux qui ne nous ont pas plu. Le journal intime est un peu comme un ami avec qui l'on peut partager ses joies, ses soucis, ses peurs, ses questions, ses secrets…
- La forme de l'écriture est **libre** puisque le seul lecteur c'est soi-même.
- En principe, on écrit la date avant chaque *message* dans son journal.

Il y a certainement quelque chose que tu as envie d'écrire à la manière d'un journal intime : quelque chose de personnel, un événement particulier comme une fête d'anniversaire, ou bien une question que tu te poses avec les réponses auxquelles tu penses... Réfléchis puis lance-toi : cette page est la tienne !

Dans un journal, on écrit bien sûr, mais on peut aussi faire des dessins, coller des souvenirs… comme le ticket de cinéma d'un film qui t'a plu, le billet de train d'un voyage que tu as fait…

Tu peux décorer cette page comme tu veux !

Et toi, as-tu déjà un journal ? Si non, que dirais-tu d'en commencer un ?

Édition : Charlotte Cordonnier / **Création graphique :** Muriel Ouziane / **Mise en pages :** Patrick Leleux PAO
Crédits iconographiques : Private Collection / Photo © Christie's Images / Bridgeman Images : p. 18 pour *Les Flamants roses* d'Henri Rousseau ; © SuperStock/Leemage : p. 22 pour *Le Retour* de René Magritte ; © Fotolia.com : p. 10, 11, 13, 14, 18 pour la photo de paysage, 19, 36, 37.

Achevé d'imprimer en Janvier 2023
par «La Tipografica Varese Srl» Varese en Italie
N° éditeur : MAGSI20220850
Dépôt légal : Juin 2017